W9-DDF-972

Pon, pon
¡A jugar con el bebé!

Selección
Josefina Barceló Jiménez
Ilustraciones
Mrinali Álvarez Astacio

LA EDITORIAL
UNIVERSIDAD DE PUERTO RICO

Para Mrinalini
y René Oscar

El canto juego del folclor puertorriqueño

Los cantos juegos le facilitan al bebé la entrada a la vida. Al nacer, los sentidos de la vista del infante no están en coordinación con sus músculos. Por eso, tendrá que ayudarlo cuando le cante y cuando juegue con él o ella, para que aprenda a asociar la palabra con la acción. A medida que se practiquen los cantos juegos, se irán fortaleciendo las conexiones neuromusculares. Muy pronto, a fuerza de repetir, poco a poco, la criatura irá adquiriendo el dominio necesario. Y seguro que al final tendrá éxito para mover su manita cuando usted le cante "la linda manita". Recuerde que se cansa pronto y su atención no dura mucho. Aproveche y cántele cuando esté contento. Éste es el momento de enseñarle estos cantos juegos. La mente del bebé es como una esponja. Es sensitiva al ritmo y al canto, y el placer que ambos le provocan le facilita el aprendizaje.

La tradición de estos cantares es un valioso patrimonio que debe preservarse. Los niños y niñas a quienes hoy les enseñan estos cantos juegos crecerán. Confío en que, algún día, ellos también se los canten a sus hijos.

Josefina Barceló Jiménez

Balancee la manita
mientras canta.

La linda manita
que tiene el bebé,
qué linda, qué mona,
qué graciosa es.

Qué linda manita
la que tengo yo
qué linda, qué mona,
la que Dios me dio.

pon

pon

pon

Toque con un dedo en la palma de la otra mano.

Pon, pon, el dedito en el pilón;
acetón, a la mesita
¡ay, ay, ay, mi cabecita!

Otra versión:

Pon, pon, nena pon,
el dedito en el pilón.

(se repite)

Señale los deditos de una mano.

Cinco lobitos tenía la loba,
blancos y lindos detrás de la loma.
Cinco tenía, cinco cuidaba,
a todos los cinco, leche les daba.

TORTITAS

Dando palmaditas.

Tortitas, tortitas, tortitas de manteca
a mamá que da galletas.
Tortitas, tortitas, tortitas de tostones
a papá que da calzones.
Tortitas, tortitas, tortitas de casabe
a mi hermano que no lo sabe.
Tortitas, tortitas, tortitas de pan y queso
a abuelita que me da un beso.

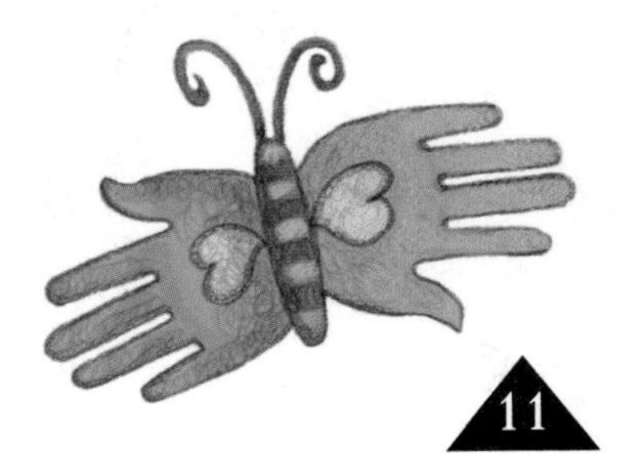

andando
andando

ANDANDO

Agarrar al bebé para enseñarle a caminar.

Andando, andando,
que la Virgen te va ayudando.
Andando,andando,
que la Virgen te va ayudando.

TOPE, TOPE

Acercar la frente, poco a poco
a la del bebé hasta que
se toquen suavemente.

Tope, tope, tope,
carnerito...

(se repite)

Otra versión:

Topi, topi,
topi, pum...

(se repite)

Se balancea al niño o la niña en la falda sujetándolo por las manos.

Todos los domingos
con papito voy,
a los caballitos
y una vuelta doy.
Ven, ven, ven,
siéntate aquí,
los caballitos hacen,
así, así, así.

aserrín, aserrán

Se balancea al bebé en la falda
sujetándolo por las manos.

Aserrín, aserrán,
los maderos de San Juan;
los de Juan comen pan,
los de Pedro comen queso;
los de Enrique, alfeñique,
rique, rique, rique...

Le hace cosquillas.

Para repetir. Una mano es jínguili
y la otra es jóngolo.

Jínguili, jínguili está colgando,
jóngolo, jóngolo lo está velando.
Si jínguili, jínguili se cayera,
jóngolo, jóngolo se lo comiera.
Jínguili, jínguili se cayó,
jóngolo, jóngolo se lo comió.

A COMER

Esta muchachita
me la dio San Pedro,
para que le diera
sopitas de queso.

Este muchachito
me lo dio San Juan,
para que le diera
sopitas de pan.

duérmete mi sol

duérmete...

A DORMIR

Duérmete mi niño,
duérmete mi sol,
duérmete, pedazo
de mi corazón.

Este niño tierno
se quiere dormir
háganle la cama
en el toronjil.

Y por cabecera
pónganle un jazmín,
para que se duerma
como un serafín.

Títulos publicados:

Serie Raíces:

Las artesanías
Los Tres Reyes (a caballo)
Grano a grano

Serie Cantos y juegos:

¡Vamos a jugar!
Pon, pon...¡A jugar con el bebé!

Serie Ilustres:

Pauet quiere un violonchelo

Libros para niños de edad preescolar hasta el tercer grado, para leerlos con los familiares, con los maestros en la biblioteca o en el salón de clase, como lectura suplementaria, y para los niños que ya dominan la lectura.

Serie Cantos y juegos
Elementos de la tradición puertorriqueña resurgen a través de libros de nanas, canciones y juegos infantiles.

Serie Raíces
Las raíces culturales que conforman al puertorriqueño son la base temática de estos textos. Estos libros abren las puertas al mundo de nuestras tradiciones.

Serie Ilustres
Cuentos infantiles basados en la vida y obra de personajes que han tenido una presencia particular en nuestra historia. Hombres y mujeres cuyo legado debe ser conocido por las nuevas generaciones.

Serie Igualitos
Se explora cómo debemos incluir a todos los niños y niñas en las actividades diarias y en el salón de clase, sin importar que luzcan de manera diferente o tengan algún impedimento físico.

Serie Mititos
La fantasía y la realidad parecen fusionarse para presentar los relatos con que nuestros antepasados explicaban los misterios del universo.